Anna und Ivan

Anna hatte einen Traum. Sie wollte schon immer nach Hawaii.

Sie lebte in Moskau und es gefiel ihr dort sehr, aber die

Winter waren sehr kalt und während dieser dunklen

Jahreszeit sehnte sie sich nach Sonne, Strand und Meer. Im

Fernsehen sah sie oft Berichte über Hawaii und ihr gefiel sehr,

was sie dort sah. Die Natur, das Klima und die entspannten

Menschen. Auch die hawaiianische Musik liebte sie über Alles.

Ihr Lieblingsmusiker war der Liedermacher Jack Johnson,

der auf Hawaii lebte und dort regelmäßig Konzerte gab.

Immer wenn Anna gestresst war und ihr die Moskauer

Alltagshektik zu viel wurde, machte sie es sich Zuhause

gemütlich und hörte die Musik von Jack Johnson.

Diese Musik schenkte ihr Ruhe, Hoffnung und Zuversicht, und

jedes Mal dachte sie dabei daran nach Hawaii zu fliegen, am

Strand spazieren zu gehen und sich ausgiebig zu erholen.

„Ach wie wundervoll das doch wäre", dachte Anna bei sich.

Das Problem war nur, dass sie kein Geld für den teuren Flug

hatte, denn sie verdiente gerade so viel, dass es zum Leben in

Moskau reichte und konnte nichts zur Seite legen.

Da war guter Rat teuer! Anna hatte auch keinen Mann.

Sie sah gut aus und war eine sehr herzliche Frau, aber sie war sehr schüchtern und irgendwie hatte es noch nicht so recht geklappt mit der Liebe.

Anna dachte sich: „Wenn ich einen reichen Mann kennenlernen würde, dann könnte ich mit ihm nach Hawaii fliegen". Aber war das überhaupt möglich?

Wie hoch ist die Chance in einer Millionenstadt wie Moskau einen Mann zu treffen, der Geld hat und noch dazu ein gutes Herz? Denn Anna wollte sich auf keinen Fall nur des Geldes wegen auf einen Mann einlassen.

So eine Frau war sie nicht!

Nein, es musste noch einen anderen Weg geben um ihren Urlaubstraum zu erfüllen. Nur welchen?

Es gab Tage, da konnte sie kaum noch daran glauben, dass ihr lange gehegter Traum Wirklichkeit werden könnte.

Und es gab wieder andere Tage, da war sie voller Hoffnung und Euphorie. In ihrer Freizeit kümmerte sich Anna manchmal um einen alten Mann, der keine Familie mehr hatte.

Sein Name war Ivan.

Ivan war ihr Nachbar und er war weit über 80.

Sie kochte für ihn, machte ihm die Wohnung sauber und manchmal las sie ihm aus einem Buch vor. Am liebsten mochte Ivan es aber, wenn sie ihm von Hawaii erzählte.

Er lächelte dann und sagte oft: „Anna mein Schätzchen, eines Tages wirst du dort sein, das spüre ich in meinen alten Knochen!"

Ivan hatte die Angewohnheit, jeden Tag ein Los zu kaufen.

„Das mache ich schon seit über 30 Jahren und du wirst sehen, eines Tages gewinne ich eine Million Rubel", sagte er zu Anna, wenn sie ihn ermahnte, dass er doch sein Geld lieber sparen sollte. Meistens holte sich Ivan sein Los selbst, denn der Kiosk war nicht weit von seiner Wohnung entfernt.

Aber an einem Samstagabend als Anna bei ihm war, hatte er große Schmerzen in den Beinen. Er bat Anna darum ihm noch schnell ein Los zu kaufen, bevor sie nach Hause ging.

Anna lief los und in ihren Gedanken malte sie sich aus, wie sie in Hawaii am Strand lag und Jack Johnson traf, der ihr etwas auf der Gitarre vorspielte.

Sie kaufte das Los und ging zurück zu Ivan.

„Da hast du dein Los, du alter Zocker!"

Ivan lachte laut.

„Schätzchen, ich bin vielleicht alt, aber doch ganz gewiss kein

Zocker", sagte er mit einem schelmischen Grinsen im Gesicht.

„Man wird doch einem alten Mann nicht übelnehmen,

wenn er sich ab und zu ein Los kauft" fügte er noch hinzu.

„Ja, ja, ab und zu" entgegnete Anna lächelnd.

Ivan war einfach zu sympathisch, als dass man ihm

irgendetwas übel nehmen konnte.

„Jetzt mach schon auf", drängte sie ihn ungeduldig.

Ivan öffnete das Los und sein Blick war fest auf das kleine

Stück Papier gerichtet. Dann sah er zu Anna und Freude

strahlte hell über sein altes Gesicht. Seine Augen leuchteten.

Dann nahm Ivan Annas Hand und sagte leise:

„Schätzchen, du fliegst nach Hawaii!"

Ein guter Freund

Paul arbeitete seit über 10 Jahren in einer Baufirma.
Er war überaus erfolgreich in seinem Beruf. Er verdiente
ein sehr gutes Gehalt und hatte sich über die Jahre eine
führende Position in seiner Firma erarbeitet. Privat lief es
auch nicht schlecht für ihn. Er war mit Lisa, einer
wunderschönen Frau verheiratet und er hatte zwei Kinder.
Einen Jungen und ein Mädchen. Paul hatte auch viele gute
Bekannte und er war überall beliebt und angesehen,
sowohl in seiner Arbeit, als auch im Tennisverein und im
Tanzclub, den er regelmäßig mit Lisa besuchte um Tango
zu lernen. Doch es gab Momente in Pauls Leben, in denen
er irgendetwas vermisste. Als Kind hatte Paul einen besten
Freund. Boris. Boris war genauso alt wie Paul und die beiden
gingen durch dick und dünn. Verbrachten jeden Tag
zusammen und begeisterten sich beide für die gleichen Dinge.
Damals waren das Fußball, Superhelden und Eiscreme.
Boris gab Paul das Gefühl, nie alleine auf der Welt zu sein,
auch wenn sie sich gerade nicht sahen, so waren sie in
Gedanken doch immer zusammen.

Diese Freundschaft gab den beiden Jungen Kraft und half Ihnen

Ihren Platz in der Welt zu finden. Natürlich jetzt,

da Paul erwachsen geworden war, gab ihm auch Lisa diese

Sicherheit, sie war sein Leben und er liebte sie wirklich sehr.

Aber sie war eben seine Frau und manchmal vermisste er

einfach einen Freund, einen guten Kumpel, so Jemand wie es

Boris immer für ihn gewesen war.

Aber leider hatten sich die Beiden irgendwann aus den Augen

verloren. So spielt das Leben oft.

Man wird erwachsen, die Interessen verändern sich,

vielleicht zieht man in eine andere Stadt und die Menschen,

die einem immer so wichtig waren und wie selbstverständlich

dazu gehörten, verliert man plötzlich aus den Augen.

Dabei hatten sie immer das Gefühl, dass ewige Treue, Loyalität,

tiefe Verbundenheit und ja, sogar Seelenverwandtschaft,

sie verbinden würden. Sie hatten sich immer unterstützt und

waren füreinander dagewesen. Zwei gleichgesinnte Menschen

in einer so vielfältigen und sich ständig verändernden Welt.

Freundschaft war für Paul immer etwas gewesen, worauf er

sich verlassen konnte.

Aber jetzt war Boris aus seinem Leben verschwunden und seine vielen Bekannten konnten ihn nicht ersetzen.

Auch wenn er seine Bekanntschaften schätzte, es war doch nicht das Gleiche, etwas fehlte, vielleicht war es der Gleichklang der Seele. So verging manches Jahr und Paul dachte oft an seinen guten alten Freund. An einem verregneten Tag im Herbst, Paul hatte vor kurzem seinen 43 Geburtstag gefeiert, war er alleine in der Stadt unterwegs. Er liebte es durch die Strassen zu schlendern, die Menschen zu beobachten und ein wenig seinen Träumen nachzuhängen.

Nach einer Weile entdeckte er ein schönes Cafe in einer Seitenstrasse und Paul beschloss sich dort eine heisse Schokolade zu gönnen. Die Kellnerin nahm seine Bestellung auf und Paul lehnte sich entspannt zurück und lauschte der ruhigen Jazz-Musik, die das Cafe erfüllte. Er ließ seine Blicke durch den Raum schweifen. Menschen saßen zu zweit am Tisch und waren in angeregte Gespräche vertieft, manche saßen alleine und waren mit ihren Laptops beschäftigt.

Menschen machten ihm Freude, ja man konnte sagen, dass er Menschen wirklich liebte.

Ihm schräg gegenüber saß ein Mann, etwa in seinem Alter.

Er war alleine und saß einfach nur so da und schien genau

wie Paul die Menschen im Cafe zu beobachten.

Irgendwie kam ihm dieser Mann bekannt vor.

Nicht so sehr sein Äußeres, nein eher die Art wie er wirkte,

war Paul auf eine wohlige Art bekannt und vertraut.

Dann trafen sich die Blicke der beiden Männer und für einen

Moment schien die Zeit still zu stehen, bevor sich eine große

Freude in Pauls Herz ausbreitete.

Es war... Boris... sein guter alter Freund...

Fest wie ein Baum

In einem kleinen Dorf stand vor hunderten Jahren eine uralte Eiche auf dem Marktplatz. Dieser Baum war auch damals schon sehr alt gewesen. Er stand da und sah die Menschen vorübergehen. Beobachtete sie bei ihren Geschäften und Tätigkeiten, sah ihre Freude, ihre Liebe, ihre Sorgen und Ängste. Oft sah er auch, wie die Menschen Probleme dabei hatten, darauf zu vertrauen, dass Alles gut werden würde.

Sie machten sich Sorgen um tausend verschiedene Dinge.

Viele Fragen bewegten ihre Herzen.

Wird die nächste Ernte gut?

Wird meine Frau mir ein Kind schenken?

Komme ich in den Himmel?

Werde ich genug Geld verdienen?

Werde ich jemals wieder gesund werden?

All das sah der Baum und nahm es gelassen zur Kenntnis.

Er stand weiterhin da, trotzte Dürren, Stürmen, eisigen Winterwinden, starken Regenfällen und Überschwemmungen, Kriegen und Hungersnöten. Der Baum stand fest.

Denn er wusste: All das ging vorbei.

Der nächste Frühling würde nach dem Winter kommen.

Der nächste Sommer kam nach dem Frühling und wenn die Hitze des Sommers ihm zusetzte und die Trockenheit fast schon unerträglich schien, dann kam der kühle und feuchte Herbst. So war es immer gewesen und so würde es auch weiterhin bleiben. Das wusste der Baum, seit er als kleiner Sprössling aus der Erde hervorgebrochen war. Denn das war der Rhythmus des Lebens. Seines Lebens und des Lebens aller anderen Wesen, die auf der weiten Erde das Licht der Sonne empfingen, das Wasser tranken und die Luft atmeten.

Das Geheimnis der Gelassenheit des alten Baumes lag in seinen Wurzeln, die ihn fest in der Erde verankerten und ihm einen sicheren Halt verliehen. Es waren starke Wurzeln, auf die er sich immer verlassen konnte. Aber sie gaben ihm nicht nur Halt, sie sorgten auch für seine Gesundheit und versorgten ihn mit Wasser und Nährstoffen. Und es waren lange Wurzeln, die sehr tief in das Erdreich ragten und auch wenn es an der Oberfläche einmal ausgetrocknet war, so konnten sie in den Tiefen doch noch Wasser finden.

Um die Zeit der vorletzten Jahrhundertwende ging ein kleines Mädchen in dem Dorf mit seiner Mutter spazieren.

Sie hieß Greta und war damals gerade einmal 5 Jahre alt.

Es war ein sehr schöner Tag im Spätherbst und die Blätter der Bäume färbten sich in den prächtigsten Farben. Die Sonne schien und Mutter und Tochter genossen ihren Spaziergang.

Ein frischer Wind kündigte bereits den herannahenden Winter an. Dann liefen sie an der alten Eiche vorbei und Greta blieb stehen und sah den Baum lange an.

Dann sagte sie zu ihrer Mutter: „Sie mal Mutter, dieser Baum da...wird er nicht frieren wenn der Winter kommt.

Er verliert doch all seine Blätter und dann hat er nichts mehr um sich zuzudecken und dann wird ihm sicher kalt, oder?"

Die Mutter lächelte. „Greta mein Schatz, ich weiß nicht ob der Baum friert, wenn es Winter ist, aber ich weiß, dass er da schon steht, seit ich ein kleines Mädchen bin und dass er auch noch da stehen wird, wenn du einmal Kinder haben wirst.

Und ich weiß auch, dass seine Blätter wiederkommen, wenn es Frühling wird, egal wie lange der Winter dauert und egal wie hart er sein wird. Denn der Baum ist stark, mein Liebes."

Gretas Augen leuchteten und sie ging auf den Baum zu und legte ihre kleinen Arme um ihn.

„Ja das stimmt" antwortete sie ihrer Mutter, „Der Baum ist wirklich stark, das spüre ich und er hat keine Angst vor dem Winter. Ich möchte auch so sein wie dieser Baum, liebe Mutter. Ich möchte immer stark sein, egal was mir passiert."

An diesem Tag im Spätherbst vor über hundert Jahren in einem kleinen Dorf hatte Greta verstanden, was es bedeutet zu vertrauen. Die alte Eiche auf dem Marktplatz hatte es ihr gezeigt.

Glänzende Krise

Anja hatte während einer Krise ihren Job verloren.

Jetzt war guter Rat teuer. Wovon sollte sie leben?

Wie ihre Miete bezahlen?

Sie brauchte dringend Geld, aber das wächst ja bekanntlich nicht auf den Bäumen. Nein es wächst eher in den Geldautomaten der Banken und um es dort herausholen zu könne, musste man es vorher mit einem Job „hineinzaubern". Sie hatte davon gehört, dass das Arbeiten im Internet in dieser Zeit sogar einen Aufschwung erlebte und so entschied sie sich dafür, sich eine Arbeit zu suchen, die sie im Home Office erledigen konnte. Eigentlich kam dieser Schicksalsschlag gar nicht so ungelegen für Anja, denn ihren alten Job hatte sie sowieso satt gehabt und seit einigen Jahren träumte sie insgeheim immer wieder davon sich selbstständig zu machen. Sie hatte einmal in einer Zeitschrift gelesen, dass die chinesischen Schriftzeichen für „Krise" und „Chance" fast identisch sind. Das hatte ihr gut gefallen und so nahm sie diese Erkenntnis als Motivation um positiv mit der neuen Herausforderung in ihrem Leben umzugehen.

Aber was genau sollte sie machen?

Was konnte sie machen?

Welche Tätigkeit war lukrativ und würde ihren

Lebensunterhalt sichern?

Sie machte sich an die Recherche. Jeden Tag. Stundenlang.

Angebote fand sie sehr viele, aber die meisten sagten ihr nicht

sonderlich zu. Es musste etwas Interessantes sein und etwas,

wofür sie brennen konnte und mit Begeisterung bei der Sache

war. Als Kind und in ihrer Jugend hatte Anja immer gerne

gebastelt. Und sie liebte Schmuck. Besonders ausgefallenen

Schmuck mit dem gewissen Etwas, nicht den Modeschmuck

von der Stange. Konnte man daraus vielleicht eine

Geschäftsidee machen?

Ja vielleicht wäre das möglich. Sie könnte doch Schmuck

herstellen und ihn dann über eine Webseite im Internet

verkaufen. Besonderen Schmuck. Schmuck, der exklusiv war

und den man so nur bei ihr bekommen konnte.

Ja das hörte sich wirklich gut für Anja an.

Sie hatte die letzten Jahre auch immer wieder mal ein

Schmuckstück gebastelt, aber bisher war es eher ein Hobby

für sie gewesen und sie war bisher nicht auf die Idee

gekommen, damit einen Gewinn zu erzielen.

Anja betrachtete ihre selbstgemachten Schmuckstücke.

Sie fand sie wirklich sehr schön. So schön, dass sie die Stücke

auch selbst tragen würde und ja manchmal hatte sie das auch

schon getan. Besonders gefiel ihr eine Brosche, die aus

Speckstein gefertigt war. Aber das Besondere war die

Verzierung. Anja hatte Blattgold aufgetragen und in der Mitte

der Brosche einen kleinen Rubin platziert. Das Leuchten des

Steins war herrlich und ergänzte sich zusammen mit dem Glanz

des Goldes zu einem wunderbaren Spiel der Farben.

Anja beschloss diese Brosche als Erstes zum Verkauf

anzubieten. Doch zuvor brauchte sie noch eine Webseite.

Glücklicherweise kannte sie einen guten Webdesigner,

der ihr dabei half eine schöne Seite zu erstellen.

Für seine Arbeit schenkte sie ihm eine Kette mit einem

Amulett, dass eine silberne Feder darstellte.

Sie hatte einmal von einem Cafe in Berlin gehört, wo die Kunden so viel bezahlen können, wie sie wollen. Das Konzept basierte auf Vertrauen in die Wertschätzung der Kunden und der Annahme, dass Menschen durchaus großzügig sein können, wenn man Ihnen die freie Wahl lässt.

Diese Idee gefiel ihr und sie entschied sich dafür, sie auch für ihr Geschäft anzuwenden. Und tatsächlich. Nach zwei Tagen meldete sich eine Frau bei ihr, die ihr 500 Euro für die Brosche bot. Anja freute sich sehr!

Von diesem ersten Erfolg motiviert, bot Anja auch ihre anderen Stücke zum Verkauf an und auch bei diesen Modellen ging ihr Plan auf und sie bekam gute Angebote.

Die Miete für den nächsten Monat war gesichert und das restliche Geld investierte sie in Material für neue Schmuckstücke. Ja, manchmal muss man nur den Glanz in der Krise entdecken!

Ein Kind ist ein Geschenk

Paula und Simon waren seit vielen Jahren ein Paar.

Um genau zu sein, waren es jetzt acht Jahre und sieben Monate. Damals waren die Beiden Anfang 20 gewesen und sie hatten sich im Urlaub in Frankreich kennengelernt, da sie im gleichen Hotel zu Gast waren. Es war nicht Liebe auf den ersten Blick, daran konnten sie auch nicht glauben, aber es war Sympathie auf den ersten Blick, und Anziehung.

Die Liebe kam dann mit dem zweiten und dritten Blick und mit den tausenden Blicken danach und wurde mit jedem Blick und jeder Berührung fester und tiefer.

Sie sahen einander. Und das war wirklich ein großes Glück. Klar, sie gefielen sich auch äußerlich, denn das gehört ja auch zu einer Beziehung mit dazu. Die äußere Anziehung und Attraktivität des Partners. Aber diese äußere Attraktivität war nicht das Wesentliche in ihrer Beziehung, denn sie konnten tiefer blicken, bis in die Seele des Anderen.

Ja und auch ihre Beziehung war nicht immer nur eitler Sonnenschein und überschäumende Freude, sondern auch mal richtig harte Arbeit.

Und trotzdem war es ihnen so, als würden sie immer mehr zusammen wachsen und niemals zweifelten sie das Fundament ihrer Beziehung an. Egal was auch passierte, sie wussten immer, dass sie zusammen gehörten.

Es fehlte ihnen im Grunde nichts zu ihrem Glück, außer, dass sie es gerne weitergegeben und geteilt hätten. Miteinander taten sie dies ja schon, aber dennoch keimte langsam der Wunsch in ihnen auf, ein Baby zu bekommen.

Die Zeit fühlte sich richtig und reif dafür an und auch Paula und Simon waren mehr als bereit. Sie hatten sich solange Zeit damit gelassen, da sie oft bei anderen Menschen sehen konnten, wie sie Kinder aus egoistischen Gründen heraus bekamen. Um sich selbst besser zu fühlen, Macht auszuüben, von seinen eigenen Problemen abzulenken, oder um die brüchig gewordene Beziehung zum Partner zu kitten.

Oder einfach ganz unbedacht und unbewusst, nicht wissend um die Verantwortung, die daraus erwächst. Paula und Simon wollten es anders machen. So erschufen sie zuerst ein solides Fundament in ihrer Paarbeziehung und arbeiteten an ihren persönlichen „Baustellen", solange bis sie das tiefe Gefühl hatten, dass sie jetzt gute Eltern sein könnten.

Und dann wurde Paula schwanger.

Sie freuten sich beide sehr und genossen gemeinsam die Zeit der Schwangerschaft, die relativ angenehm und ohne Komplikationen für Paula verlief.

Sie wollten vorher nicht wissen, ob es ein Junge oder ein Mädchen werden würde. Sie hatten auch keine besondere Vorliebe bezüglich des Geschlechts. Die Zeit verging und Paulas Bauch wurde größer. Sie richteten ein wunderschönes Kinderzimmer ein und spielten dem Baby im Bauch oft klassische Musik vor. Simon hatte darüber gelesen, dass auch ungeborene Kinder im Bauch der Mutter schon auf Vieles reagieren, was um sie herum passiert.

Dann war es soweit. Paula lag in den Wehen und Simon brachte sie sofort ins Krankenhaus. Die Geburt dauerte drei Stunden und natürlich war sie nicht leicht für Paula und auch schmerzhaft. Eine Erstgeburt ist nie einfach. Doch schließlich ertönte ein Schrei im Kreissaal und ein kleines Wesen erblickte das Licht der Welt.

Paula war sehr erschöpft, doch auch gleichzeitig so von Glück und Freude durchflutet, wie sie es bisher noch nie zuvor erlebt hatte.

„Es ist ein Mädchen", hörte sie den Arzt sagen.

Auch Simons Gesicht leuchtete vor Freude.

Als sie ihre kleine Tochter das erste Mal in ihren Armen hielten, begriffen sie das, was sie die letzten Monate nur ahnen konnten: Es war wirklich ein Wunder, was sich hier ereignete. Sie fühlten die Liebe und die Reinheit, die von diesem kleinen Menschen ausging und spürten deutlich: „Ja ein Kind ist wirklich ein Geschenk!"

Sport ist ihr Hobby

Luisa liebte Sport. Wenn sie Jemand nach ihren Hobbies fragte nannte sie zuerst Sport. Obwohl das genau betrachtet nicht ganz richtig war. Denn Sport war für sie weit mehr als nur ein Hobby, weit mehr als ein bloßer Zeitvertreib.

Sport war ihre Leidenschaft, begeisterte sie und war ein wirklich wichtiger Bestandteil ihres Lebens.

Ein Tag ohne Sport war für sie, wie für andere Menschen ein Tag ohne Essen. Etwas Essentielles fehlte ihr dann.

Die Bewegung, die Aktivität, die Dynamik.

Luisa hatte Talent für viele verschiedene Sportarten.

Basketball, Volleyball, Fußball aber auch ausgefallenere Sportarten wie Surfen oder Bungee-Jumping hatte sie schon ausprobiert. Hauptsache es gab etwas zu tun.

Hauptsache es war Bewegung im Spiel.

Es gab jedoch eine Sportart, die Luisa allen anderen gegenüber bevorzugte. Das Paragliding. Luisa liebte diesen Sport.

Es war perfekt. Obwohl man sich dabei nicht so sehr selber bewegen musste wie bei anderen Sportarten.

Man ließ sich eher bewegen. Vom Wind.

Aber Luisa fand es atemberaubend durch die Luft zu gleiten.
Es war aber ein völlig anderes Gefühl als beim
Bungee-Jumping oder Fallschirmspringen. Bei diesen
Sportarten stand die Euphorie und der kurze Kick im
Vordergrund, wohingegen sich beim Paragliding eher ein
tiefes und ruhiges Glück bei ihr einstellte, eine große
Zufriedenheit, die auch nach dem Flug noch lange bei ihr
nachhallte. Es gab ihr auch das Gefühl stark und frei zu sein
und die Geschehnisse zu einem gewissen Teil selbst in der
Hand zu haben, zu steuern und eine Richtung vorzugeben.
Den anderen Teil bestimmte der Wind. Luisa sah dazu auch
eine Analogie zum richtigen Leben. Einen Teil bestimmte man
selbst, gab die Richtung vor, gestaltete und formte sein Dasein,
aber einen anderen Teil konnte man nicht steuern, wie den
Wind und das Wetter beim Gleitschirmfliegen.
Wenn sie in der Luft war und die Erde unter ihr betrachtete,
hatte sie manchmal Tränen der Freude in den Augen, so sehr
war sie von dieser Schönheit überwältigt und auf eine nie
zuvor gekannte Weise tief berührt.

Luisa hatte keinen Mann und widmete sich ihrer Karriere und ihrer großen Leidenschaft, dem Sport.

Manchmal sehnte sie sich aber nach einem Gegenüber, nach einem Gleichgesinnten mit dem sie ihr Leben und ihre Interessen teilen könnte. Aber sie machte sich nicht oft Gedanken darüber und unternahm auch nichts Besonderes um einen Mann kennenzulernen.

Sie war der Überzeugung, dass es zum richtigen Zeitpunkt passieren würde. Für den Sommer hatte sie zwei Wochen Urlaub in den österreichischen Bergen gebucht.

Paragliding natürlich inklusive. Obwohl sie bereits sehr gut darin war, hatte sie für dieses Mal beschlossen ein Kurs zu nehmen um ihre Kenntnisse noch zu vertiefen.

Das Wetter war traumhaft, als sie in Österreich ankam.

Auch die Windverhältnisse waren perfekt für ihr Vorhaben.

Gleich am nächsten morgen sollte der Kurs beginnen.

Luisa freute sich schon sehr darauf!

Ihr Zimmer war sehr schön und das Essen war typisch für diese Gegend, einfach und ursprünglich.

Als sie zu Bett ging, sah sie noch einmal kurz aus dem Fenster und dabei fiel ihr ein Mann auf, der auf einer Bank vor der Berghütte saß und den Sonnenuntergang beobachtete.

Sie spürte einen kleinen, aber wohligen Schauer, der durch ihr Herz ging. Dann ging sie Schlafen.

Der Morgen brach an und er brachte herrlichen Sonnenschein und eine angenehme Bergbrise mit sich.

Luisa stand auf und war gleich voller Tatendrang.

Nach einer Katzenwäsche und einem guten Frühstück war es auch schon Zeit für ihre Stunde. Sie war sehr gespannt auf den Lehrer und auf das, was er ihr noch alles beibringen könnte.

Luisa schlenderte zum vereinbarten Treffpunkt. Als sie näher kam erkannte sie den Mann, den sie am Abend zuvor auf der Bank beobachtet hatte. Wieder ein wohliger Schauer in ihrem Herzen. „War das ihr Lehrer?" fragte sie sich in Gedanken.

Wie sich herausstellte hieß der Mann Andreas und er war tatsächlich ihr Lehrer. Und auch ein herausragend guter Lehrer.

Andreas war Mitte 40 und blickte auf eine über zwanzigjährige Erfahrung als Paraglider zurück. 15 Jahre davon als Lehrer.

Der erste Flug sollte ein Tandemflug sein, also würden sie zu zweit in die Luft gehen. Luisas Herz klopfte. Ein wenig wegen dem Fliegen, viel mehr wegen Andreas.

Sie nahmen Anlauf, liefen den Abhang hinunter, der Schirm öffnete sich und sie stiegen in die Höhe.

Als sich ihr Flug eingependelt hatte und sie sanft ins Tal gleiteten sagte Andreas: „Ich finde das Paragliden ist wie das Leben. Einen Teil bestimmt man selbst, steuert und gibt die Richtung vor, den anderen Teil bestimmt der Wind."

Luisa nickte und lächelte in sich hinein.

Anna Lang

„Ich hätte mir nicht gedacht, dass ich so alt werde.

Ich war durch das seelische Leid auch viel krank, aber ich habe

immer alles überbrückt....mit Liebe...“

Anna Lang wurde im Jahre 1911 in Augsburg geboren.

Ihre Mutter heiratet aber nicht ihren leiblichen Vater, sondern

einen anderen Mann, der Annas Stiefvater werden sollte.

Er akzeptiert sie nie als vollwertige Tochter und lässt sie dies

auch täglich spüren. Auch von ihrer Mutter erhält Anna wenig

Anerkennung, obwohl sie schon als Kind fleissig Zuhause

mithilft und viele Aufgaben übernimmt, später dann auch die

Erziehung ihres kleinen Bruders Anton.

Die Arbeit Zuhause war damals in vielen Familien eine

Selbstverständlichkeit und kein Grund für ein Lob. Mit sieben

Jahren besucht Anna für einige Jahre eine Klosterschule für

Mädchen. Sie sagt darüber: „Die waren sowas von böse, sie

haben uns immer geschlagen, und keine Achtung vor

Kindern. Da war alles eine Sünde.“ Später möchte Anna

eigentlich Schneiderin werden, aber ihre Eltern können die

Ausbildung nicht finanzieren und so wird sie im Alter von

13 Jahren gezwungen als Weberin zu arbeiten.

Die Aufnahme in die Weberei klappt nicht sofort und so stattet Annas Stiefvater der Weberei einen Besuch ab und sagt zu der Aufseherin: „Warum nehmt ihr die Anna jetzt nicht, ich geb´ ihr nicht mehr umsonst das Fressen Zuhause."

Diese Aussage scheint aus der heutigen Sicht kaum vorstellbar. Und das, obwohl Anna den ganzen Tag Zuhause schuftet, sich um ihren Bruder Anton kümmert, ohne auch nur ein Wort des Dankes dafür zu bekommen. Die Arbeit ist hart, doch Anna fügt sich. Den knappen Lohn muss sie Zuhause abgeben, nach der Arbeit in der Weberei geht es daheim weiter. Anna ist oft verzweifelt. Doch ihr starker Wille und die Liebe zu ihrem Bruder und ihrer Mutter gibt ihr Kraft und hält sie aufrecht. Besonders Annas Großmutter gibt ihr den Halt, den sie bei ihr Zuhause nicht finden kann. Sie besucht sie einmal in der Woche um sich von ihrem harten Alltag zu erholen und ein wenig Anerkennung zu bekommen. Und seien es auch nur ein Lächeln und ein seltenes Butterbrot.

Dafür nimmt Anna einen mehrstündigen Fußmarsch in ein Nachbarsdorf in Kauf. Mit Anfang zwanzig entdeckt Anna ihre Leidenschaft fürs Theater. Sie spielt in ihrer knappen Freizeit in vielen Stücken mit und trägt Gedichte vor mit ihrem Förderer, der sie dabei auf dem Klavier begleitet.

Er sieht Annas Talent und möchte sie eigentlich zum Film bringen, doch das Leben hat andere Pläne für Anna.

Ihre Mutter ist der Meinung, Anna sei jetzt reif für die Ehe und so arrangiert sie den Einzug von Hans in das elterliche Haus. Anna wird nicht gefragt ob sie Hans heiraten möchte.

Anna fügt sich....wieder....

Die Ehe mit Hans ist nicht glücklich. Er ist kaum Zuhause und hat auch kein großes Interesse an einer partnerschaftlichen Beziehung. Später sollte Anna eine Tochter von Hans bekommen. Als die Nationalsozialisten in Deutschland an die Macht kommen fordern sie die Mitarbeiterinnen in Annas Weberei dazu auf, eine Stunde ihrer Arbeitszeit zu „opfern" und den Erlös für die Propaganda zu spenden.

Anna weigert sich.

Als Einzige der ca. 4000 Mitarbeiterinnen der Weberei.
Und sie wird dafür bestraft und muss an einem besonders
komplizierten Webstuhl arbeiten.

Die Jahre vergehen, das Leben geht weiter. Anna hat zwei
Weltkriege miterlebt und erträgt auch die unglückliche Ehe
mit ihrem Mann. Aber sie verliert nie ihre Freude und versucht
sich dabei immer selbst treu zu bleiben.

1992 stirbt ihr Mann Hans und Anna zieht daraufhin in die
Nähe ihrer Tochter. Sie sagt: „Ab da begann für mich das Leben.
Das richtige Leben. Ich fühlte mich jetzt freier. Meine Tochter
nahm mich viel auf Reisen mit und ich konnte endlich die Welt
sehen." Man mag sich fragen, wie kann ein Mensch, der so viel
Leid und Ungerechtigkeit ertragen musste, doch so
widerstandsfähig bleiben und sich den Glauben an das Gute
im Menschen und an das Gute im Leben immer bewahren?
Aber vielleicht ist es auch so, dass gerade durch die Erduldung
von diesen schwierigen Umständen Annas Charakter immer
stärker wurde und sie dadurch lernte, trotz Allem niemals
aufzugeben.

Ja und wahrscheinlich ist es auch so: Man hat immer die Wahl....wie man mit dem Leben umgeht, und was man daraus für sich macht.

Anna wurde über 100 Jahre alt und im späten Alter hat sie sich sogar noch ein Smartphone zugelegt. Sie erzählt begeistert von ihrer Nutzung von Whattsapp: „Also das ist schon toll, man braucht keine Briefmarke, keinen Briefkasten, muss sich nicht anziehen und fortgehen." Auch die Familie ihres leiblichen Vaters, nahm in Annas späten Jahren noch Kontakt zu ihr auf und ihr Lebensabend verlief sehr glücklich, im Kreise vieler Menschen. Anna war Vegetarier und da sie immer wieder zum Weißwurstessen eingeladen wurde, überlegte sie sich etwas Besonderes und Lustiges. Sie nahm sich eine Banane aß diese dann wie eine Weißwurst mit süßem Senf.

„Ja das sieht genauso aus, wie eine Weißwurst."

Anna hatte ein sehr schwieriges Leben und trotzdem sagte sie im Alter von 107 Jahren: „Man kann sich doch so freuen, dass man als Mensch leben darf und heute bin ich so glücklich."

Anna Lang ist im Alter von 108 Jahren gestorben.

Das Rendezvous

Pierre lebte in einer schönen Wohnung in Paris zusammen mit Marie, seiner Freundin. Sie waren seit über 3 Jahren ein Paar und waren sehr glücklich miteinander. Heute hatte Pierre Geburtstag. Er wurde 35. Marie hatte vorgeschlagen, dass sie zur Feier des Tages in ein schickes Restaurant zum Essen gehen sollten. Pierre hatte nichts dagegen. Er ging sehr gerne zum Essen. Besonders mit Marie. Am Geburtstagsmorgen brachte ihm Marie Frühstück ans Bett. Zwei Spiegeleier mit gebratenem Speck, ein Stück Baguette und eine Tasse Kaffee. So wie es Pierre am liebsten hatte.

„Guten Morgen mein Schatz, alles, alles liebe zum Geburtstag" begrüßte ihn Marie freudestrahlend und gab ihm ein Küßchen auf die Wange. Pierre lächelte noch etwas verschlafen und richtete sich dann auf, um sein Geburtstagsfrühstück zu genießen. „Na wie fühlt man sich mit 35?" fragte ihn Marie neckisch. Pierre grinste verschmitzt, beschloss aber nicht sofort zu antworten, sondern sich erst einmal seinem leckeren Frühstück zuzuwenden. Er liebte es, wenn ihm Marie Frühstück ans Bett brachte.

Er sah sie voller Dankbarkeit an und nahm einen großen

Schluck von seinem dampfenden Kaffee.

„Ich fühle mich jetzt total erwachsen" sagte er zu Marie.

Die Beiden lachten. „Das will ich aber auch schwer hoffen.

Wenn ich schon mit so einem alten Kerl zusammen bin, sollte

er wenigstens reif und erwachsen sein."

„Ja, ja ich weiß, dass du auf weise alte Männer stehst"

scherzte Pierre weiter.

„Und was bekomme ich zum Geburtstag? Ich hoffe es ist die

goldene Uhr, die ich schon so lange haben will, weisst du noch?

Ich glaube die war sogar im Angebot, kostete nur 12.000 Euro."

Marie lachte. Sie mochte Pierres Humor, er war mit ein

Hauptgrund, warum sie mit ihm zusammen gekommen war.

Er brachte sie immer zum Lachen.

Sie sah ihn an und machte ein besonders geheimnisvolles

Gesicht. „Nein, leider habe ich die Uhr nicht gekauft,

sie hatten keine mehr auf Lager und die Billigvariante für

6.000 Euro war mir dann doch nicht wertvoll genug für meinen

Liebsten, ich hoffe du verstehst das?"

„Natürlich verstehe ich das, ich hätte genauso gehandelt,

wenn du Geburtstag gehabt hättest" antwortete Pierre.

Marie kam näher und schlang ihre Arme um ihn.

„Ich habe aber ein viel besseres Geschenk für dich"

flüsterte sie ihm ins Ohr. „So was denn für eins?"

fragte Pierre gespannt.

„Da musst du dich wohl überraschen lassen."

Der Tag verging und schließlich wurde es Abend und Pierre

und Marie machten sich schick für das Geburtstagsessen.

„Wo gehen wir eigentlich hin?" fragte Pierre beiläufig.

Marie grinste und schwieg.

„Komm jetzt, ich habe für acht Uhr reserviert" drängte sie ihn.

Es regnete und die Beiden teilten sich ihren großen roten

Regenschirm, den Pierre Marie zu ihrem ersten Jahrestag

geschenkt hatte. Marie mochte es, mit Pierre unter einem

Schirm durch Paris im Regen zu schlendern.

Sie gingen eine Weile schweigend nebeneinander her und

genossen die stille Gegenwart ihres Partners, lauschten dem

Regen und beobachteten die Straßenlichter.

Schließlich blieb Marie vor einem kleinen italienischen Restaurant stehen. Pierre stockte der Atem.

Hier waren sie schon lange nicht mehr gewesen.

Das war das Restaurant, in dem sie ihre erste Verabredung hatten. Er umarmte Marie und küsste sie dann.

„Hey, hey nicht so stürmisch" sagte sie.

„Ich küsse nie einen Mann beim ersten Date!"

„Schließlich möchte ich dich erst genauer kennenlernen, du scheinst ganz nett zu sein, aber heutzutage weiß man ja nie." Marie lächelte und streckte ihm förmlich die Hand hin.

„Ich bin Marie, schön dich kennenzulernen."

„Ich bin Pierre, freut mich auch."

Pierre hielt ihr die Tür auf und freute sich auf ein Rendezvous mit dieser wunderschönen Frau.

Ja, das war wirklich ein viel besseres Geburtstagsgeschenk als diese goldene Uhr!

Der Bergläufer

Peter Mooser war ein österreichischer Extremsportler. Er hatte schon viele schwierige Herausforderungen angenommen und auch bewältigt.

Jedoch hatte er sich nun etwas vorgenommen, dass auch ihn, den durchtrainierten Bergläufer an seine Grenzen bringen könnte. Er wollte eine Etappe in den österreichischen Alpen laufen. 250 Kilometer Wegstrecke mit einem Höhenunterschied von 14000 Kilometer. Diese Strecke wollte er auf 48 Stunden hinter sich bringen. Seine karge Ausrüstung beschränkte sich auf einen Rucksack, Gehstöcke, Nahrungsvorräte, Wasser und eine Stirnlampe, die ihm zumindest ein paar wenige Meter vor ihm die Sicht erhellte, wenn er in die Dunkelheit hineinlaufen musste. Denn um die Strecke in der vorgegebenen Zeit zu meistern musste er auch während der Nacht laufen. Er startete voller Optimismus und legte ein beachtliches Tempo vor. Er schien gut voranzukommen. Er bekam nicht viel mit von der wunderschönen Berglandschaft um ihn herum, den er musste sich auf seine Atmung, seine Bewegungen und auf den nächsten Schritt konzentrieren, denn ein Absturz wäre fatal gewesen und hätte sicher das Ende seines Rekordversuchs bedeutet. In der Nacht musste er sich besonders gut konzentrieren und auf seine Schritte achten. Er lief die ganze erste Nacht weiter und machte nur kurze Pausen um seine übersäuerten Muskeln zu lockern und etwas Essen zu sich zu nehmen. Nach 24 Stunden hatte er schon gut 80 Kilometer zurückgelegt. Ein Kamerateam begleitete ihn gelegentlich, wenn auch nicht dauerhaft, denn welcher Kameramann hätte ihm schon während seiner ganzen Tour folgen können? Irgendwann schaffte es Peter einfach nicht mehr zu laufen und er musste sein Tempo stark drosseln. Aber immerhin schaffte er es so, weiter zu machen und sein Ziel nicht aus den Augen zu verlieren. Trotz des reduzierten Tempos kam er immer näher an seine Grenzen und beinahe auch darüber hinaus. Seine Glieder schmerzten und jede Bewegung bereitete ihm Schwierigkeiten. Glücklicherweise kam er bald zu einer Schlafkoje, die eigens für Bergläufer und Extremsportler angelegt worden war. Obwohl er nun schon seit 35 Stunden unterwegs war und er glaubte, dass er die 48 Stunden Rekordzeit, die er sich vorgenommen hatte nicht mehr einhalten können würde, fühlte er in jeder Zelle seines

Körpers: „Ich brauche eine Pause!"

Seit dem Beginn des Laufes hatte er auch überhaupt nicht geschlafen und nun versuchte er es, wenigstens für ein paar Stunden. Doch in der Stille der Berge hörte er seinen Puls so stark klopfen, dass an Einschlafen nicht zu denken war.

Sein Körper war so voller Adrenalin, dass es ihm nicht gelang völlig zur Ruhe zu kommen.

Wenn auch nicht seinem Geist, so konnte er doch immerhin seinem müden Körper ein wenig Ruhe gönnen und Kraft tanken. Dann ging es weiter.

Es kamen Herbert Mooser gelegentlich auch Gedanken, ob er sich nicht zu viel zugemutet hatte und ob es nicht vernünftiger wäre, den Rekordversuch abzubrechen.

Doch er machte weiter!

Als er von Weitem den Zielberg in Südtirol erblickte und er wusste, dass jetzt nicht mehr viele Kilometer zu durchlaufen waren, wurde er von einer neuen Energie beflügelt und er konnte seine Schritte wieder beschleunigen.

Schließlich erreichte er die Zieletappe und wurde mit tosendem Beifall empfangen.

Er war zutiefst erschöpft, aber auch unendlich froh und glücklich, und ja, auch stolz.

Er hatte die Strecke nicht in 48 Stunden geschafft.

Aber auch die 56 Stunden, die er dafür benötigt hatte, waren eine enorme Leistung und nie zuvor hatte ein Mensch diese alpine Strecke in einer kürzeren Zeit gelaufen.

Peter Mooser sagte anschließend: „Ich habe während dem Berglauf viel gelernt und werde die Strecke in einiger Zeit noch ein zweites Mal angehen."

Ja, bekanntlich versetzt der Wille Berge…und…hilft Menschen dabei über Berge zu laufen….

Der Musiker

Vor einigen Jahren lebte ein Musiker in einer großen europäischen Stadt. Er spielte Geige und Gitarre und war ein begnadeter Sänger. Er hatte jedoch Angst davor sich zu zeigen, Angst davor sich verletzlich zu machen oder sich gar dem Gespött der Menschen auszusetzen.

Denn er wusste, dass viele Menschen dazu neigen andere zu bewerten und auch abzuwerten. Der Musiker fühlte sich oft klein und unbedeutend und so, als könne er nie gut genug sein und die Erwartungen seiner Mitmenschen nicht erfüllen. Deswegen blieb er lieber für sich alleine und musizierte nur für sich in seiner Wohnung. Es gab aber Momente in denen der Musiker sich dachte, dass es doch auch mal schön sein könnte, wenn er vor anderen Menschen musizieren würde.

Es müsste ja nicht gleich die ganz große Bühne sein, nein eine kleine Musikkneipe würde ihm für den Anfang schon reichen. Aber was wäre, wenn den Zuhörern seine Musik nicht gefallen würde? Was wäre, wenn sie ihn auslachen würden?

Was wäre, wenn er keinen Ton herausbringen würde, vor lauter Aufregung?

Diese Fragen geisterten oft im Kopf des Musikers umher und hielten ihn davon ab, auch ausserhalb seiner sicheren Wohnung Musik zu machen. Es gab aber auch Momente, da dachte sich der Musiker, dass es doch auch ganz großartig laufen könnte. Das Publikum könnte begeistert sein und ihm tosenden Beifall spenden.

Vielleicht würde seine Musik live vor Publikum noch besser klingen? Noch intensiver.

Vielleicht würden seine Instrumente wunderbar aussehen im Glanz der Bühnenlichter? Und vielleicht würde er bei einem Auftritt auch andere Musiker kennenlernen?

Auch diese Gedanken beschäftigten den Musiker und machten ihm Lust darauf, es vielleicht doch einmal auszuprobieren.

Er war also hin-und hergerissen zwischen diesen beiden, sehr gegensätzlichen Vorstellungen. Immer, wenn er sich nicht entscheiden konnte und sich einer Sache nicht sicher war, fragte er seinen guten alten Freund Diethelm.

Diethelm war ein paar Jahre älter als er und ein sehr weiser Mann.

Nicht wegen seines Alters, denn das Alter macht nicht zwangsläufig weise. Nein dieser Freund war einfach die Ruhe selbst, auch deswegen, weil er sich keine Gedanken machte, was andere Menschen über ihn denken.

Und auch, weil er schon sehr viel erlebt hatte und darunter waren auch oft sehr schwierige Dinge gewesen.

Doch der Freund des Musikers hatte all diese Schwierigkeiten immer wieder in Gelassenheit überwunden und das hatte ihn zu dem Mann gemacht, der er nun war: Stark, gelassen und weise. Der Musiker sagte zu seinem guten alten Freund:

„Ich weiß nicht, was ich machen soll, ob ich denn nun wirklich einmal vor Publikum auftreten sollte oder ob es vielleicht nicht das Richtige für mich ist. Einmal stelle ich mir vor, dass es doch sehr schön werden könnte und ein anderes Mal denke ich voller Angst, dass es bestimmt schrecklich wird und ich überhaupt nicht ankommen werde bei den Menschen.

Was soll ich denn nur tun und welche Vorstellung ist die Richtige?" Diethelm sah ihn ruhig an.

Dann lächelte er und begann zu sprechen:

„Sieh mal mein Freund, du denkst hin und du denkst her, bald in die eine Richtung und bald wieder in eine andere. Die Vorstellung, dass das Publikum dich liebt gefällt dir und macht dich glücklich. Die Vorstellung, dass dich das Publikum ablehnen könnte, macht dir Angst. Hast du Angst? Wovor?" Der Musiker überlegte und musste sich eingestehen: Ja, er hatte große Angst davor nicht gut genug zu sein und nicht so akzeptiert zu werden wie er ist. Sein weiser Freund fuhr fort: „Aber schau, beides sind nur Vorstellungen und müssen nicht der Wirklichkeit entsprechen. Im Grunde ist es nicht so wichtig, wie es laufen wird, denn in jedem Fall wirst du dabei eine Erfahrung machen und deine Angst überwinden. Ich würde dir raten: Bereite dich einfach so gut vor, wie es dir möglich ist und dann lasse deine Vorstellungen darüber wie es laufen soll einfach los und versuche zu vertrauen. Du musst nicht allen gefallen und du musst es nicht jedem recht machen." Diese Worte trafen den Musiker mitten in sein zerrissenes Herz und er fühlte die Wahrheit in ihnen.

An jenem Abend ging der Musiker entspannt ins Bett
und dachte sich mit einem Lächeln auf den Lippen:
„Ja mein Freund hat recht, ich bin gut so wie ich bin."
Dann schlief er zufrieden ein.

Digitales oder Analoges Leben

Sophie war viel in den sozialen Netzwerken unterwegs.

Sie likte und postete was das Zeug hielt. Eigentlich ständig.

Freunde hatte sie sehr, sehr viele. Tausende. Im Internet.

Und zwei Freunde im „echten" Leben, aber wen interessierte

das schon? Niemanden. Naja, außer Klaus und Marie,

ihre beiden „echten" Freunde. Aber viel wichtiger waren für

Sophie die Internet-Freunde, die Likes und Kommentare und

die vielen Nachrichten, die ihr ständig signalisierten:

Sie war wichtig! Und jetzt mal ehrlich. Wer braucht schon ein

richtiges Gespräch, eine Begegnung mit einem Menschen,

bei der man seinem Gegenüber in die Augen schauen und

seine Stimme hören kann, wenn er das auch tausendfach über

die sozialen Medien haben kann? Und das Alles auf einmal

und rund um die Uhr. In die Augen schauen? Schön und gut,

aber wofür gibt es denn Videoanrufe? Stimme hören?

Wunderbar! Aber wozu hat der liebe Gott dann die

Sprachnachrichten erfunden? Bestimmt nicht, dass wir uns

treffen, so wie in Großmutters Tagen, oder? Das war doch alles

total veraltet und gar nicht mehr auf dem neusten Stand.

Nein darauf konnte Sophie wirklich verzichten.

Schließlich war sie ein moderner Mensch, verpasste nie eine wichtige Neuigkeit und hatte einen total tollen Status auf all ihren Profilen. Die Menschen liebten sie. Da spielte es doch kaum eine Rolle ob sie all diese Menschenwirklich kannte. Hauptsache war doch, dass sie geliked, kommentiert und beachtet wurde. Manchmal kamen Klaus und Marie aber trotzdem zu Besuch, ja irgendwie konnte man dann die realen Kontakte doch nicht so ganz vermeiden. Und Klaus und Marie waren da auch anders in der Handy-Sache. Sie hatten zwar ein Smartphone, benutzten es aber nur selten und hatten es oft ausgeschaltet. Wenn sie bei Sophie zu Besuch waren, nahmen sie es nicht einmal mit. Sie waren der Meinung, es sei unhöflich, wenn man sich mit Freunden trifft und dabei immer auf sein Handy sieht. Doch für Sophie war das ganz und gar unverständlich. Alle fünf Minuten nahm sie ihr Handy in die Hand und checkte ob es neue Nachrichten oder Reaktionen auf ihre Posts gab. Sie wollte auf gar keinen Fall etwas verpassen und ihre „echten" Freunde waren ja auch danach noch da.

Klaus und Marie wollten Sophie da raus holen und ihr zeigen wie schön es sein kann, etwas gemeinsam zu erleben. Direkt und echt. Im richtigen Leben. Sie nahmen Sophie mit auf eine wunderschöne Bergwanderung. Das Wetter war herrlich und die Landschaft atemberaubend. Sophie fand es auch gut, aber noch besser war natürlich Landschaftsfotos und Selfies zu schiessen und diese dann umgehend zu posten. Sie war ja kein egoistischer Mensch und wollte die Welt an ihrem schönen Erlebnis teilnehmen lassen. Klaus und Marie waren etwas genervt, aber schließlich sahen sie ein, dass Sophie nicht anders konnte. Sucht bleibt eben Sucht, selbst wenn seine Freunde ihn zu einer Bergwanderung überreden.

Und so konzentrierten sie sich auf die handyfreien 5-minütigen Zwischenspiele, die ihnen mit Sophie blieben. Immerhin etwas!

Sophie hatte während der Wanderung fleissig Likes und Kommentare gesammelt und ihr kurzes „Naturvideo" hatte schon 15.000 Aufrufe.

Die Menschen liebten eben die Natur!

Als sie wieder Zuhause waren, verabschiedeten sich Marie

und Klaus und Sophie konnte sich nun den wirklich wichtigen

Dingen widmen und ungehemmt im Internet stöbern.

Sie machte sich manchmal ein wenig Sorgen wegen Corona

und war auf der Suche nach einem Tipp, der ihr helfen könnte

besser mit der Pandemie umzugehen. Einem Corona-Hack

sozusagen. Und um 19:58Uhr passierte es. Es erschien eine

Twittermeldung von Donald Trump.

Er verkündete offiziell bei Twitter, dass er gerade eben

Corona verboten habe.

Er habe es vorerst nur für die USA verbieten wollen,

doch dann, denn er sei ja ein Menschenfreund, habe er sich

doch dazu entschlossen, das Verbot auf die ganze Welt

auszuweiten.

Sophie atmete erleichtert auf. „Gesegnet seist du Twitter"

dachte sie sich..und…."Im Netz findet man doch wirklich für

alles eine Lösung!"

Ein kleiner Traum

Peter wuchs in einer Kleinstadt auf. Als Kind spielte er gerne in der freien Natur, natürlich auch gerne mal im Matsch. Am liebsten baute er aus Lehm Dämme, mit denen er dann das Wasser eines kleinen Baches staute.

Er mochte Wasser sehr gerne und wenn er zusehen konnte wie es plätscherte, war er der glücklichste Junge der Welt.

Aber er sah nicht nur gerne zu, nein er mochte auch das Geräusch, das Wasser in allen seinen Formen machte.

Nieselregen klang anders als ein Sturzregen bei einem Sommergewitter und ein Wasserfall war viel lauter als das leise Plätschern der Bäche, in denen er gerne das Wasser staute.

Peter gefiel es auch, wie sich Wasser anfühlte.

Es war, als würde es ihn voll Geborgenheit umhüllen.

Geschmeidig und weich. Wenn er baden war, fühlte er sich danach immer wie neu geboren. Es konnte herrlich erfrischend sein, im Sommer ein kühles Bad zu nehmen, wenn es draussen zu heiss war und er vor lauter herumtoben schon ganz rot im Gesicht war. Was Peter aber noch nicht kannte, war das Meer.

Er hatte nur davon gehört, aber er war noch nie selbst dort

gewesen, war nie darin geschwommen und hatte nie seinem beruhigenden Rauschen gelauscht. „Wie gerne würde ich einmal ans Meer fahren", dachte er sich oft.

Aber seine Eltern hatten wenig Geld und konnten es sich nicht leisten in den Urlaub zu fahren. Und das Meer war sehr weit weg. So musste sich Peter mit seinen Bächen, Flüssen und kleinen Seen begnügen. Doch er wusste immer: Eines Tages würde er das Meer sehen! Es vergingen die Jahre, Peter wurde älter und aus dem kleinen Jungen, der das Wasser der Bäche staute und das Wasser so sehr liebte wurde ein erwachsener Mann. Nun baute er große Staudämme für ein Wasserkraftwerk zur Stromgewinnung. Ja Peter war sich treu geblieben und immer noch beschäftigte er sich hauptsächlich mit zwei Dingen, dem Bauen und dem Wasser!

Peter war nun 25 Jahre alt und obwohl er viel Geld verdiente, hatte er es immer noch nicht geschafft, seinen Traum zu verwirklichen und endlich das Meer zu sehen. Er war beruflich sehr eingespannt und in seiner Freizeit verbrachte er viel Zeit mit seiner Frau, die eine Gehbehinderung hatte und deshalb nicht gut zu Fuß war. Das Reisen wäre eine große Strapaze für sie gewesen. Deswegen verschob er seinen Plan ans Meer zu fahren, Jahr um Jahr. Maria, seine Frau merkte aber, dass Peter etwas zu seinem Glück fehlte, und er hatte ihr schon oft erzählt, wie gerne er das Meer sehen würde, aber irgendetwas schien immer dazwischen zu kommen, irgendetwas schien ihn von der Erfüllung seines Kindheitstraumes abzuhalten. Als Jugendlicher und junger Erwachsener musste er viel arbeiten um sein Studium zu finanzieren, nach dem Studium kam der Job und dann kam Maria. War in seinem Leben kein Platz mehr?

Kein Platz für Meer? Oder musste er nur etwas für die Erfüllung seines Wunsches tun? Diese Fragen stellte sich Peter oft und noch öfter sah er sich Sendungen über das Meer an und las Bücher zu diesem Thema.

Am meisten faszinierte ihn Island und besonders der isländische Norden, über dem die Grönlandsee lag. Er hatte in einem Buch über Island von Húnaflói gehört, einer weiten Bucht im Nordwesten. Der Name bedeutete „Bucht des jungen Eisbären".

„Húnaflói, Húnaflói", murmelte er manchmal vor sich hin.

Dieses schöne Wort klang wie leise und kraftvolle Musik in seinen Ohren. Er hörte darin die Kraft der Insel und die eisige Poesie des Nordens.

Eines morgens wachte Peter auf.

Plötzlich durchfuhr es ihn wie einen Blitz und er wusste:

Er musste nach Húnaflói! Er wollte noch heute mit Maria

darüber sprechen. „Schatz, ich möchte nach Island, aber Reisen

geht mit deinen Beinen nicht, deswegen hatte ich die Idee.."

Peter zögerte und es wurde ihm ganz heiss im Herzen.

Dann nahm er Marias Hand ganz fest in seine und sah ihr ruhig

und mit klarem Blick in die Augen: „Maria, Liebes, ich möchte

mit dir in Island leben, lass uns dort ein Haus kaufen und noch

einmal von vorne anfangen, am Meer, in der Bucht des jungen

Eisbären, in Húnaflói." Drei Wochen später, nachdem sie alles

geregelt hatten, saßen sie im Flugzeug nach Island. Als Peter

das erste Mal in seinem Leben das Meer sah, die Grönlandsee

war er überwältigt und tief berührt. Aus den kleinen Bächen

seiner Kindheit, war nun ein riesiger Ozean geworden. Genau

so, wie der kleine Junge von damals nun ein Mann geworden

war. Er sah auf das weite Wasser und eine Träne der Freude

und Dankbarkeit lief über seine Wange....und sie schmeckte

genau so salzig wie das Wasser des Meeres und Peter spürte:

Nun war er Zuhause und endlich angekommen.....

Eine schrecklich nette Familie

Max und Lisa lebten zusammen mit ihren Eltern in einem schönen Haus im Grünen. Der nächste Supermarkt war 10 Kilometer entfernt und auch die Schule der Beiden war ein ganzes Stück weit weg, so dass sie den Schulbus nehmen mussten oder im Sommer auch mit dem Fahrrad fahren konnten. Sie wohnten direkt am Waldrand und hinter ihrem Haus floss ein kleiner Bach. Hier konnte man herrlich aufwachsen und in Ruhe groß werden. Max war sieben Jahre alt und Lisa war zwei Jahre älter. Sie verstanden sich wirklich gut und stritten sich nur sehr selten. Und wenn, dann war es kein schlimmer Streit, sondern höchstens eine kleine Zankerei unter Geschwistern. Das lag daran, dass keiner der Beiden Grund hatte auf den anderen eifersüchtig zu sein, denn ihre Eltern gaben ihnen immer das Gefühl, dass sie beide gleich wichtig waren. Überhaupt ging es in dieser Familie sehr harmonisch zu. Anna und Peter, die Eltern von Max und Lisa hatten nie einen Grund sich zu streiten und wenn sie mal nicht einer Meinung waren, dann diskutierten sie eben so lange, bis sich eine Lösung gefunden hatte. Aber diese Diskussionen verliefen immer sehr friedlich und hatten nicht zum Ziel dem

Ehepartner seine Meinung aufzuzwingen oder unbedingt Recht

zu behalten, sondern beruhten immer auf gegenseitigem

Respekt und der ehrlichen Absicht die Meinung des anderen

zu verstehen. Und so wie Anna und Peter miteinander

umgingen, behandelten sie auch ihre Kinder. Mit Liebe und

Respekt. Dies Alles klingt vielleicht viel zu schön um wirklich

wahr zu sein, denn in vielen Familien sind Streit, Neid und

Machtkämpfe leider an der Tagesordnung. Aber es kann auch

anders sein, so wie in dieser schrecklich netten Familie.

Vielleicht denkst du dir jetzt, naja es mag ja nach Außen alles

ganz toll aussehen, aber unter der Oberfläche muss es doch

auch in dieser Familie brodeln und kochen. Konflikte und

Kämpfe, so wie man es aus vielen Familien kennt.

Aber nein, in dieser Familie war es wirklich anders.

Klar gab es auch hier mal ein paar Reibungspunkte, denn da

wo Menschen miteinander sind, da reiben sie sich zwangsläufig

aneinander. Aber durch Reibung, wenn sie denn nicht zu stark

ist, entsteht ja bekanntlich auch Wärme und diese Wärme

umgab diese Familie wie eine Hülle aus weicher Watte.

Der Unterschied war hier auch, dass man ganz anders mit diesen kleinen Konflikten umging. Jeder durfte so sein, wie er war, durfte seine Gefühle zeigen und wusste, dass er stets geliebt und anerkannt war, mit all seinen Ecken und Kanten, ohne sich verstellen oder verbiegen zu müssen. Man kann sich vorstellen, dass man sich in so einer Familie wunderbar geborgen fühlt. Auch der Zusammenhalt war groß. Es war ein Miteinander, jedes Mitglied wurde vom Rest der Familie unterstützt und getragen. Und Max und Lisa wuchsen frei von Zwängen und erzwungener Autorität auf und durften sich wirklich frei entfalten. Sie wurden auf jede nur erdenkliche Weise gefördert. Der Gehorsam gegenüber den Eltern ergab sich auf ganz natürliche Weise, einfach weil sich beide Kinder bedingungslos geliebt fühlten. In der Schule bekamen die Kinder oft mit, dass sich ihre Mitschüler über ihre Eltern beklagten und sich oft nicht von ihnen verstanden fühlten. Das konnten sie nicht so ganz nachvollziehen, da sie so etwas aus ihrem Elternhaus nicht kannten. Manchmal bekamen sie Besuch von Klaus, der mit ihnen in eine Klasse ging.

Auch Klaus jammerte oft über seine Eltern und das mangelnde Verständnis, dass sie ihm entgegenbrachten.

„Bei euch ist alles irgendwie ganz anders, so schön, so entspannt, so echt" sagte er einmal zu Max und Lisa.

„Für uns ist das normal, aber wir finden es auch sehr schön" entgegneten sie ihm. Klaus überlegte. Dann fügte er noch hinzu: „Und eure Eltern, sind so schrecklich nett, dass man es kaum glauben kann. Aber ehrlich nett und nicht so aufgesetzt wie andere Erwachsene. Und ihr Beiden seid auch so schrecklich nett und ich bin so froh, dass ihr meine Freunde seid. Bei euch kann ich einfach so sein wie ich bin, ohne dass ich mir euren Respekt erkämpfen oder mich verstellen muss."

Max und Lisa lächelten. „Wir mögen dich auch Klaus und bei uns ist auch nicht alles perfekt." Am Abend saß die ganze Familie am Essenstisch und Max und Lisa erzählten ihren Eltern von dem Gespräch, dass sie heute mit Klaus geführt haben.

„Er meinte, wir seien alle so schrecklich nett, dass er es kaum glauben kann" sagte Max in die Runde.

„Ist ja schrecklich" antwortete Anna.

„Ja ich finde das auch ganz schrecklich" bestätigte Peter.

Dann überlegte er kurz und fügte lächelnd hinzu:

„Ich glaube wir sind wirklich eine schrecklich nette Familie!"

Freizeit

Freizeit ist etwas Wunderbares und wir alle lieben sie.

Was gibt es Schöneres als sich seine Zeit selbst einzuteilen und gestalten zu können, ohne, dass jemand darüber diktiert.

Denn diese Zeit-Diktaktoren gibt es wirklich schon genug in der heutigen Zeit. Job, Termine, Vorgesetzte, Einrichtungen - alle scheinen etwas von einem zu wollen und ein Stück von seinem persönlichen Zeitkuchen abhaben zu wollen. Deswegen kann man davon ausgehen, dass dieser Zeitkuchen eine sehr leckere Delikatesse sein muss, da er ja so heiss begehrt ist und jeder gerne davon kosten möchte.

Aber leider ist dieser Kuchen nicht unbegrenzt verfügbar, beliebig oft nachzukaufen bei Aldi und beim Bäcker.

Nein jeder hat nur eine begrenzte Anzahl davon und wenn der verputzt ist, dann gute Nacht! So sollte man sich seinen Zeitkuchen gut einteilen und ihn nur wohl überlegt verzehren.

Susanne war eine junge Biologiestudentin und wenn sie keine Kurse besuchen oder lernen musste, dann genoss sie ihre Freizeit. Für sie war es etwas Wunderschönes, wenn sie Zeit zur Verfügung hatte, die sie sich frei einteilen konnte.

Das fühlte sich wunderbar an.

Susanne dachte sich oft: „Es ist doch schön, in der heutigen Zeit zu leben, wo man so viele Möglichkeiten hat und auch die Zeit diese Möglichkeiten umzusetzen."

Viele Leute waren sich gar nicht darüber bewusst, welche Vorteile Ihnen die heutige Zeit bietet. All die technischen Errungenschaften, der letzten 100 Jahre, die das Leben angenehmer und leichter machten. Immer wenn Susanne eine Waschmaschine voll machte und auf den Knopf drückte, dachte sie daran, dass das Wäsche waschen vor gar nicht so langer Zeit noch viel mühsamer und zeitaufwendiger war.

Auf der anderen Seite wusste sie, dass zu viel Freizeit auch nicht gut war. Wenn sie Semesterferien hatte, war ihr manchmal schon etwas langweilig und dann versuchte sie die Zeit eher „totzuschlagen". Meistens aber genoss Susanne ihre freie Zeit und füllte sie mit allerlei schönen Aktivitäten, die ihr Freude machten. Sie bastelte gerne, ging wandern, las interessante Bücher oder lag auch einfach mal nur faul auf der Couch herum und hörte Musik.

Das Leben konnte wirklich herrlich sein!

Susanne merkte aber auch, wie wichtig der Ausgleich für sie war. Ihre Freizeit konnte sie am besten genießen, wenn sie zuvor ihre Pflicht erfüllt hatte. Man kennt das ja: Erst die Arbeit, dann das Vergnügen! Und meistens ist es auch so im Leben, dass man erst etwas schätzen lernt, wenn es nicht im Überfluss da ist. Immer nur Arbeit oder immer nur frei haben. Nein das wäre nichts für Susanne gewesen. Die richtige Mischung machte es für sie aus. Besonders genoss sie es auch, wenn sie einfach mal ein Mittagsschläfchen machen konnte, oder unter der Woche lange aufzubleiben, wenn sie am nächsten Tag keinen Kurs hatte oder während der Semesterferien. Ja Susanne liebte die Abwechslung, wenn nicht immer alles im gleichen Rahmen ablief und Raum für Experimente und Außergewöhnliches blieb. Das machte das Leben für sie spannend. Und wenn ihr Zeitkuchen doch einmal zu Ende ging, dann backte sie sich einfach einen neuen! Rezepte für besonders leckere Zeitkuchen gab es schließlich genügend im Internet...und an jeder Straßenecke....

man musste nur die Augen aufmachen....

Georg's Geburtstag

Georg war Webdesigner und lebte in Dortmund. Er war mit Anna verheiratet und hatte drei Kinder. Zwei Töchter, mit sieben und acht Jahren, Eva und Emelie und einen 15-jährigen Sohn, der Justus hieß. Man konnte sagen, dass Georg sein Glück gemacht hatte. Er war erfolgreich im Beruf und liebte seine Arbeit, aber vor allem war er ein glücklicher Familienvater und Ehemann. Ja Georg´s Leben lief ziemlich rund. Da passte es auch ganz gut, dass sehr bald etwas „Rundes" bevorstand. Nein, es hatte nichts zu tun, mit Reifen, Autos oder irgendwelchen Kugeln, Georg feierte bald einen runden Geburtstag. Seinen Fünfzigsten!

Seine letzten Geburtstage hatte er nicht groß gefeiert, weil meistens zu viel zu tun gewesen war, aber das sollte dieses Mal anders werden. Zumindest hatte seine Frau das vor. Und wenn sich Anna etwas vornahm, dann konnte man davon ausgehen, dass daraus auch etwas wurde. Etwas richtig Gutes sogar! Es war noch eine Woche bis zu Georg´s Geburtstag und die Vorbereitungen nahmen Annas gesamte Zeit und Energie in Anspruch. Sie hatte für das große Fest einen Saal gemietet.

Es gab eine schöne Holzbühne, eine geräumige Tanzfläche und Sitzgelegenheiten für ca. 200 Gäste. Eine Band musste organisiert werden (es sollte eine Rock´n Roll Band werden, da Georg diese Musik liebte und gerne dazu tanzte), das Buffet bestellt, Einladungen verschickt und dekoriert werden.

Jede Menge Arbeit, aber für diese Feier wollte Anna keine Kosten und Mühen scheuen. Es sollte ein unvergessliches Erlebnis für ihren Mann und alle geladenen Gäste werden.

Auch ihre Kinder waren voller Vorfreude und halfen ihrer Mutter eifrig mit den Vorbereitungen. Besonders Eva, ihre jüngste Tochter, brachte sich begeistert mit ein und bastelte Servietten und Gestecke für die Essenstische.

Justus, der musikalisch begabteste der Kinder, bereitete ein selbstkomponiertes Stück auf der Gitarre vor, zu dem er einen berührenden und lustigen Text geschrieben hatte, der auf viele liebgewonnene Eigenheiten seines Vaters anspielte.

Und Emelie hatte ein Gedicht geschrieben, dass sie auf der Geburtstagsfeier vortragen wollte. „Natürlich mit einem Mikrofon, wie sich das für echte Profis gehört", sagte Anna mit einem liebevollen Lächeln zu ihrer Tochter.

Darauf freute sich Emelie sehr!

Die Tage vergingen und die ganze Familie war voller Tatendrang. Georg ging währenddessen zur Arbeit. Er war nicht eingeweiht, Anna sagte ihm nur, dass er sich an seinem Geburtstag freinehmen solle, da sie mit ihm und den Kindern einen kleinen Ausflug geplant hatte. Soweit die „offizielle" Geschichte. Georg war zufrieden und freute sich auf einen beschaulichen Geburtstag im Rahmen der Familie.

An Georgs 50. Geburtstag frühstückte die ganze Familie zusammen. Es herrschte eine prickelnde Stimmung. Den beiden Mädchen war es nicht ganz leicht gefallen, ihrem Vater nichts zu verraten. Und auch jetzt strahlten sie übers ganze Gesicht, so sehr freuten sie sich auf den heutigen Abend. Georg schaute neugierig in die Runde.

„Und? Wollt ihr mir jetzt verraten, wo es heute hingehen soll?" Emilie und Eva platzten fast vor Aufregung. Justus grinste schelmisch. Anna sah ihren Mann vielsagend an und sagte:

„Ja heute Abend gibt es ein kleines Treffen mit ein paar deiner Freunde. Ein bisschen Wein, Snacks, nichts Besonderes.
Nur der Treffpunkt bleibt noch geheim."
„Oh ein Geheimnis" raunte Georg belustigt. „Na gut, ich lasse mich einfach überraschen." Am Abend fuhr die ganze Familie zu der gemieteten Halle. Georg wunderte sich dann doch etwas, als er die riesige Halle sah, aber er dachte nicht weiter darüber nach. Als sie eintraten traf es ihn wie ein Blitz aus heiterem Himmel. Da waren hunderte von Leuten. Sie saßen auf den Tischen und standen auf der Tanzfläche und unterhielten sich. „Wow" sagte Georg.
„Damit habe ich nun so gar nicht gerechnet!"
Anna gab ihm einen Kuss und nahm ihn danach in den Arm.
„Alles Gute zum Geburtstag, mein reifer Ehemann."
Georg grinste.
Auch Emilie und Eva fielen ihrem Vater um den Hals und bekundeten lautstark ihre Glückwünsche.
Justus klopfte seinem Vater auf die Schulter und schenkte ihm ein Lächeln.

Im Schneckenhaus

Matthias war ein junger und talentierter Musiker.

Er spielte Gitarre und sang, seit er 8 Jahre alt war.

Am liebsten sang er auf Englisch und hatte dabei seine ganz

eigene Art diese Sprache zu artikulieren. Wenn er sang

verschmolz er mit der Musik und wurde eins mit ihr.

Alles andere verschwand aus seinem Bewusstsein und er lebte

in und mit der Musik. Wenn er ganz so in seinem Element war,

konnte er eine enorme Kraft entwickeln, die die Herzen der

Menschen tief berührte. In der Musik konnte er bei sich selbst

sein, seine Hemmungen und Blockaden verschwanden

vollständig. Matthias war immer ein sehr verschlossener

Jugendlicher gewesen. In sich gekehrt und sehr introvertiert.

Introvertiertheit ist an sich ja nichts Schlechtes und es kann

auch Vorteile bringen, wenn man in sich ruht und nicht immer

nach Außen gerichtet ist. Aber er litt unter seiner

Verschlossenheit, da er gerne intensiver am Leben teilnehmen

wollte, um mehr von der Welt mit zu bekommen und näher

bei den Menschen zu sein. Als er 17 Jahre alt war machte er

eine Reise nach Spanien.

Er hatte seine ganzen Ersparnisse mitgenommen und hoffte auf eine gute Zeit in Madrid. Die erste Woche war schön dort und er genoss die spanische Mentalität und die Offenheit der Menschen. Von ihnen konnte er lernen. Da er das Geld für eine Unterkunft lieber sparen wollte schlief er oft unter freiem Himmel. Es war nicht kalt und so schien es kein Problem für ihn zu sein. Er suchte sich dafür meistens ein ruhiges Plätzchen in einer der Grünanlagen etwas außerhalb der Stadt.

Aber auch unter den offenen und herzlichen Spaniern gab es Menschen, die nicht nur gute Absichten hatten und so geschah es, dass er in seiner achten Nacht in Madrid ausgeraubt wurde. Oh Mann! Alle seine Ersparnisse waren weg, Matthias war geschockt. Was sollte er jetzt nur tun?

Alleine in einer fremden Stadt und er konnte sich nicht einmal etwas zu Essen kaufen.

Er saß auf einer Bank in einem Park und dachte nach.

Er nahm seine Gitarre in die Hand und klimperte ein wenig darauf herum. Nach kurzer Zeit war er wieder völlig in sein Spiel versunken.

Er improvisierte eine entspannte Jazz-Melodie und summte ein wenig dazu. Irgendwann wurden aus dem Summen Worte, es waren aber keine Worte einer bestimmten Sprache, sondern entsprangen seiner Fantasie. Es war seine persönliche und frei erfundene Sprache, die er immer benutzte, wenn er ein neues Stück entwickelte und es dazu noch keinen Text gab. So spielte er eine Weile und vergaß das Leben um ihn herum. Es gab nur...seine Gitarre...seine Stimme...und den geheimnisvollen Text in seiner Fantasiesprache...

Nach einer Weile kam ein dunkelhäutiger Mann vorbei, wippte mit dem Kopf im Takt zu Matthias´ Musik und warf im Vorbeigehen einen Euro in seinen Gitarrenkoffer, der neben ihm auf der Parkbank lag. Das Klimpern der Münze riss Oliver aus seiner Vertiefung heraus und es durchfuhr ihn blitzartig: „Ja das war es! Strassenmusik" dachte sich Matthias.

So konnte er Geld verdienen und sich über Wasser halten. Und das tat er dann auch. Manchmal spielte er viele Stunden am Stück. Es war anfangs nicht leicht für ihn und kostete ihn große Überwindung.

Denn Musizieren auf der Strasse bedeutet auch sich zu öffnen.

Sich nackt zu machen, sich zu präsentieren.

Aber er hatte keine andere Wahl, er musste es tun.

Es lief auch gar nicht schlecht und an manchen Tagen verdiente er über 100 Euro mit seiner Musik.

Matthias merkte, dass das Musizieren auf der Straße etwas mit ihm machte. Er öffnete sich jeden Tag ein wenig mehr und er merkte, dass er gar nichts zu befürchten hatte, wenn er sich aus seinem Schneckenhaus heraus traute.

Nach einer Woche dachte er noch einmal darüber nach, dass er ausgeraubt und sein Geld verloren hatte.

Doch jetzt war er froh, dass ihm dieses „Unglück" passiert war und ihn dazu gebracht hatte sich zu öffnen und für die Menschen in Madrid zu singen.

Er dachte an den guten alten Goethe mit seinen Worten:

"Auch aus Steinen, die einem in den Weg gelegt werden, kann man Schönes bauen."

Inselliebe

Katharina und Franziska waren die besten Freundinnen und das schon seit vielen Jahren. Sie spielten miteinander im Sandkasten, gingen zusammen zur Schule und waren immer eng miteinander verbunden. Und das obwohl sie eigentlich grundverschieden waren. Katharina war sehr temperamentvoll und konnte leicht einmal aufbrausen. Franziska hingegen war ein eher stiller Typ und überlegte zuerst zweimal, bevor sie etwas laut aussprach. Aber in ihrem Innersten waren sie sich doch recht ähnlich. Ihre Herzen schlugen auf der gleichen Frequenz. Deswegen konnten sie auch so vieles miteinander teilen. Sie waren Mitte Zwanzig und hatten Beide noch keinen Mann an ihrer Seite. Warum, das wussten sie auch nicht so genau. Es hatte sich bisher einfach nicht ergeben.

Was sie auch gemeinsam hatten, war ihre große Liebe für Island. Sie waren noch nie dort gewesen, hatten aber schon Vieles darüber gelesen und auch einige Dokumentationen über dieses schöne, wilde Land gesehen.

Für sie stand fest: Dort mussten sie hin!

So sparten sie eine Weile ihr ganzes Geld und als sie genug

zusammen hatten ließen sie sich zwei Monate von ihren

Arbeitsstellen beurlauben. Das war gar nicht so leicht, aber

ihre Chefs waren doch recht verständnisvoll und so ließen sie

sich von Katharina und Franziska überreden und willigten

schließlich in diesen unverhältnismäßig langen Urlaub ein.

Es konnte also losgehen. Mit den Flugtickets in der Tasche

machten sich die beiden Freundinnen auf zum Flughafen.

Katharinas Mutter hatte zum Abschied noch gesagt:

„Dort lernt ihr bestimmt euren Traumprinzen kennen."

Doch jetzt überwog erst einmal die Vorfreude und die Neugier

auf das Land ihrer Träume, da war jetzt noch kein Platz für

irgendwelche Prinzen. Als sie in Island ankamen verliebten sie

sich auf den ersten Blick in dieses ursprüngliche und wilde

Land. Sie machten jeden Tag lange Ausflüge und erkundeten

die herrliche Landschaft. Auch mit den Menschen kamen sie in

Kontakt und waren begeistert von der isländischen Mentalität.

Es waren schon einige Wochen vergangen, als Katharina und

Franziska an einem verregneten Abend in eine Kneipe

einkehrten und dort ein Bier bestellten. Es waren nicht viele

Menschen dort aber Katharina fiel gleich ein groß

gewachsener blonder Mann auf, der allein an einem Tisch in

der Ecke saß und ein großes Bier vor sich hatte.

Er lächelte sie mit einem breiten Grinsen an.

Katharina flüsterte ihrer Freundin zu: „ Sie mal dort hinten,

der ist süß oder?" Franziska warf einen schüchternen Blick in

Richtung des großen Isländers und nickte schelmisch.

„Der gehört aber mir" setzte Katharina selbstbewusst hinzu.

Der biertrinkende Mann sah auch immer wieder zu ihnen

herüber und dann schenkte er Katharina ein breites Lächeln.

Ihr wurde ganz warm ums Herz.

Sie war sehr aufgeregt. Was sollte sie nur tun?

Sie sprach ja gar kein Isländisch.

Also lächelte sie nur schüchtern zurück.

Wie als hätte er auf diese Bestätigung gewartet, erhob sich der

große Blonde und schritt selbstbewusst auf Katharina zu.

„Mein Name ist Einar" sagte er in recht passablem Englisch

und streckte ihr die Hand hin.

„Freut mich, ich bin Katharina" erwiderte sie und schüttelte scheu seine große Hand.

„Darf ich mich setzen?"

Einar schien keinerlei Berührungsängste zu haben.

Er setze sich und die Beiden plauderten, als würden sie sich schon ewig kennen. Auch Franziska war in das Gespräch involviert, aber man merkte deutlich, dass Einars Interesse hauptsächlich Katharina galt.

Nach einer Weile und drei weiteren Bieren legte er mit einiger Bestimmtheit und Sicherheit seinen Arm um Katharinas Schultern. Sie fühlte sich wohl unter diesen starken Armen.

Die nächsten Wochen wich Einar nicht mehr von Katharinas Seite und zeigte den Freundinnen voller Stolz seine geliebte Heimat. Es war eine wirklich schöne Zeit und auch wenn Franziska den Beiden ihr frisches Liebesglück von Herzen gönnte, manchmal kam sie sich schon ein wenig fehl am Platz vor. Es waren nun nur mehr zwei Wochen bis zu ihrer geplanten Rückkehr nach Deutschland und dieser Gedanke fühlte sich befremdlich an, obwohl Deutschland doch immer ihre Heimat gewesen war.

Eine Woche vor Ihrem Rückflug besuchten sie wieder die Kneipe, in der Katharina Einar kennengelernt hatte und verbrachten dort einen sehr lustigen Abend.

Dieses Mal fiel Franziska ein mittelgroßer Mann auf, der ihnen schräg gegenüber saß und neugierig in die Runde blickte.

Sie verliebte sich auf den ersten Blick. Einar bemerkte ihr Interesse und winkte den Mann zu sich herüber, der auch sogleich seiner Einladung folgte. Schon saßen sie zu viert am Tisch und Jarle flirtete den ganzen Abend heftig mit Franziska.

Schon erstaunlich, so etwas war ihnen in Deutschland nie passiert, die Isländer mussten wohl irgendwie etwas unkomplizierter ticken. So hatten sie nun wirklich beide ihren Traumprinzen gefunden und da sie auch ihr Traumland gefunden hatten, beschlossen sie ihre Zelte in der alten Heimat abzubrechen und in Island neu anzufangen.

Jarle und Einar waren zufällig auch Nachbarn und so konnten sich Franziska und Katharina auch weiterhin regelmäßig besuchen und blieben auch in Island...

...eng miteinander verbunden...

John

John lebte sehr zurückgezogen. Er war beruflich erfolgreich, aber in zwischenmenschlicher Hinsicht war er eher ein Außenseiter. Er hatte oft das Gefühl nicht so richtig dazu zu gehören.

Anders zu sein als seine Mitmenschen.

Anders zu ticken.

Anders zu fühlen.

Anders zu denken.

Diese Überzeugung war bei John schon in seiner Jugend gewachsen und seitdem durch viele Erfahrungen, die er mit den Menschen und der Außenwelt gemacht hatte bestärkt und gefestigt worden. John dachte sich oft: „Ich passe einfach nicht in diese Welt." Oder: „Die anderen Menschen scheinen mich nicht zu verstehen."

Er hatte zwar viele Bekannte, denn im Grunde konnte er gut mit Menschen umgehen und war alles andere als auf den Mund gefallen. Doch wirkliche Freunde hatte er nur sehr wenige. Das Entscheidende war auch nicht, dass ihn die Menschen als sonderbar wahrnahmen, sondern wie sich John selbst wahrnahm und wie er sein Leben und vor allem das

Miteinander mit anderen Menschen empfand.

Es war einfach so, dass er sich so fühlte, als hätte er seinen

Platz in der Welt noch nicht richtig gefunden.

Warum tat er sich damit so schwer?

Scheinbar viel schwerer als Andere.

Warum musste er immer alles hinterfragen und woher kam

diese tief sitzende Einsamkeit, die ihn häufig quälte?

Diese Fragen beschäftigten John, doch es fiel ihm schwer eine

Antwort auf sie zu finden oder gar eine funktionierende Lösung.

Es war ja nicht so, dass er keine schönen Erlebnisse mit

anderen Menschen hatte, eigentlich hatte er sogar sehr viele

schöne Erfahrungen gemacht.

Aber trotz alledem.

Trotz all dem Positiven in seinem Leben, fehlte ihm etwas.

Manchmal fühlte es sich so an, als ob er in einem falschen Film

wäre. Vielleicht so, als wäre John ein sprechender und bunter

Charakter in einem schwarz-weiß- Stummfilm von

Charlie Chaplin. Wie ein Puzzlestück, dass nicht so richtig ins

Gesamtbild passen wollte.

Aber vielleicht bildete er sich das Alles auch nur ein?

Vielleicht war er gar nicht so anders, wie er es sich vorstellte?

Ja es stimmte schon, dass er sich für ausgefallene Dinge
interessierte.

Egal ob in Musik, Kunst, Literatur oder in anderen
Lebensbereichen.

Aber machte ihn das wirklich zu einem Außenseiter?

Und gab es nicht auch viele andere Menschen, die besonders
waren? Ja war nicht letztlich jeder Mensch besonders, auf seine
ganz eigene Art und Weise?

Je länger John über diese Fragen nachdachte, desto klarer
wurde ihm, dass es nur eine Frage des Blickwinkels war, seines
Blickwinkels. Und so beschloss er diesen Blickwinkel zu ändern.

Es war nicht leicht für ihn, aber er blieb beharrlich bei seinem
Vorhaben und nach einer Weile stellten sich erste Erfolge ein.

Er fühlte sich weniger einsam, wenn er unter Menschen war
und er konnte nun besser mit seiner individuellen Art
umgehen, ohne sich gleich wie ein Außerirdischer zu fühlen.

Er fühlte sich auch immer mehr mit seinen Mitmenschen
verbunden und nicht mehr von ihnen getrennt, wie es

die vielen Jahre zuvor immer gewesen war.

Seit er seine Einstellung zum Leben und den Menschen, ja und vor allem zu seiner Position in dieser Welt geändert hatte, traf er auch immer öfter Menschen, mit denen er seine besonderen Interessen teilen konnte und seine Sehnsucht nach dem Dazugehören konnte endlich gestillt werden.

John erkannte nun, dass er es war, der all die Jahre über verhindert hatte sich zugehörig zu fühlen und seinen Platz in der Welt und mit den Menschen zu finden. Durch seine Überzeugung und seine innere Einstellung. Aber noch etwas war neu in John´s Art das Leben zu betrachten.

Während er früher immer auf die Dinge blickte, die ihn von anderen Menschen unterschieden und trennten, sah er jetzt auf das, was ihn mit seinen Mitmenschen verband.

John wusste jetzt: Im tiefsten Inneren unseres Wesens, sind wir uns doch alle sehr ähnlich.

Lebens-Schule

Clemens engagierte sich für die Umgestaltung des Bildungssystems. Er hatte während seinem Studium viel von den Schulen in Skandinavien gehört.

Dort gingen die Kinder im Allgemeinen sehr gerne zur Schule und der Unterrichtsansatz war eher ganzheitlich und hatte den Menschen in seiner ganzen Persönlichkeit im Fokus und nicht nur den intellektuellen Aspekt, wie das in Deutschland leider immer noch überwiegend der Fall ist.

Clemens fragte sich oft: „Wieso war Deutschland zu stur, von seinen Nachbarländern zu lernen?"

„Wie konnte ein so fortschrittliches Industrieland im Bereich Bildung so sehr an alten und überholten Mustern festhalten?"

Der Volksmund formte es doch schon in seiner einfachen Weisheit: „Nicht für die Schule, nein für das Leben lernen wir!"

Aber wurde wirklich nach diesem Satz gehandelt?

Oder wurde eher versucht die Kinder in das immer gleiche Raster zu pressen?

Clemens war der Meinung, dass es durchaus Kinder gab, die geeignet waren um dieses veraltete Schulsystem erfolgreich zu durchlaufen, ohne dabei Schaden zu nehmen, aber er wusste auch, dass es genügend andere Kinder gab,

die nicht in diese „Schul-Schublade" passten.

Wenn er an seine eigene Schulzeit zurückdachte, fragte sich

Clemens oft, was er dort gelernt hatte, was ihm auch heute,

als erwachsener Mann, noch nützlich war?

Sicher, er hatte Lesen, Schreiben und Rechnen gelernt und

diese Fähigkeiten sind durchaus hilfreich, ja sogar unabdingbar

um in einer modernen Gesellschaft gut zurecht zu kommen.

Aber hatte er in der Schule gelernt, sein kreatives Potential zu

entfalten? Hatte er gelernt, wie man funktionierende

Beziehungen und Partnerschaften aufbaut?

Hatte er gelernt sich selbst zu verwirklichen und ein glückliches

Leben zu führen? „eher weniger", musste er sich eingestehen.

Kunst und Musik spielten immer nur eine Rolle am Rand und

das spiegelte auch die geringe Wertschätzung dieser beiden

Lebensbereiche in unserer Gesellschaft wieder.

Clemens wollte eine eigene Schule gründen. Mit einem ganz

eigenen und neuen Konzept.

Eine Schule, die die Kinder wirklich gut auf das Leben vorbereitete. Keine Träumer-Schule, wo man nur den ganzen Tag tanzte und machen durfte was man wollte.

Clemens hatte die Vision einer Schule, in der eine bodenständige Spiritualität gelebt und gelehrt wurde.

Eine Schule, in der neben dem intellektuellen Wissen auch Werte vermittelt wurden, soziales Miteinander eine zentrale Rolle spielte und auch Kunst, Musik, Theater und Kreativität im Allgemeinen einen großen Stellenwert hatten.

Und das Allerwichtigste: Es sollte ein Ort sein, wo die Kinder sie selbst sein dürfen, ohne sich in ein Raster pressen zu müssen. Clemens glaubte fest daran, dass jeder Mensch ganz besondere Qualitäten hatte und die Entdeckung und Förderung dieser Qualitäten und ganz besonderen individuellen Eigenschaften und Fähigkeiten sei die Aufgabe der Eltern, Erzieher und Lehrer. Er sah nur zu oft, dass junge Menschen zerbrachen, die nicht in das allgemein erwartete und gesellschaftlich gängige Ideal passten. Bei diesen Menschen konnten dann ihre besonderen Qualitäten auch verkümmern und es konnten sich große Selbstzweifel bei Ihnen einstellen.

Andererseits war Clemens der festen Überzeugung, dass die Förderung der Persönlichkeit und der besonderen Eigenart eines jungen Menschen sich sehr positiv auf dessen Entwicklung auswirkte. So hatte er es im Kleinen schon oft erlebt, wann immer er auf diese Art auf junge Menschen in seiner Umgebung einwirkte. Wer würde sich denn nicht freuen, anerkannt und wahrgenommen zu werden.

Dies erfüllte doch ein wichtiges seelisches Grundbedürfnis eines jeden Menschen. Also machte sich Clemens an die Planung und Umsetzung seines Vorhabens.

Es würden noch viele Hürden zu nehmen sein, bürokratische und menschliche. Vorurteile mussten entkräftet werden, Gelder und Personal für seine Idee gewonnen werden, und schließlich hoffte er auf offene Eltern, die bereit waren, ihre Kinder auf eine Schule abseits der gängigen Norm zu schicken. Clemens hoffte auch, dass sein Konzept über seine Schule hinaus „Schule" machen würde und er einen Beitrag zur Neugestaltung des Bildungssystems leisten könnte.

Denn: „Nicht für die Schule, nein für das Leben lernen wir!"

Maria entdeckt die Welt

Maria war eine junge Frau Anfang Dreissig. Sie war sehr temperamentvoll und leidenschaftlich, neugierig und wollte immer Neues entdecken. Sie interessierte sich für viele verschiedene Themen, reiste gerne und las regelmäßig in Magazinen und Zeitschriften. Wenn sie zu Fuß oder mit dem Fahrrad unterwegs war, war ihr Blick stets nach Außen gerichtet und es gab immer wieder neue Dinge zu entdecken, zu sehen, zu hören, zu riechen, zu schmecken und zu spüren. So waren ihre Sinne immer für eine neue Erfahrung bereit und die Welt bot ihr viele Gelegenheiten neue Geheimnisse zu lüften und ihren Horizont zu erweitern. Auch wenn Maria sich mit anderen Menschen traf, verhielt sie sich sehr extrovertiert, suchte das Gespräch und fand es immer spannend, was es bei ihrem Gegenüber zu entdecken und zu lernen gab.

So fiel es ihr auch nicht schwer neue Bekanntschaften zu knüpfen und ihr Freundeskreis erweiterte sich stetig.

Maria war ziemlich zufrieden mit ihrem aufregenden und spannenden Leben, langweilig wurde es ihr sicher nie.

Aber so abenteuerlustig und voller Tatendrang sie auf der einen Seite war, so hatte sie doch auch ihre Schwierigkeiten damit still zu sitzen, sich zu entspannen und einfach mal zu atmen und ihrer inneren Stimme zu lauschen.

Als sie Urlaub in Dänemark machte traf sie einen jungen Mann. Er schien irgendwie anders zu sein, als die Menschen, die sie für gewöhnlich kennenlernte. Magne schien nicht so sehr an der Außenwelt interessiert zu sein, wie es bei Maria der Fall war und doch strahlte er eine stille und vereinnahmende Präsenz aus, die Maria mit einer unglaublichen Kraft in ihren Bann zog. Magne machte nicht sehr viele Worte, doch wenn er etwas zu sagen hatte, dann waren es immer Worte, die Sinn und Gewicht hatten. Es war so, als würde er vorher abwägen, ob die Dinge es wirklich wert waren ausgesprochen zu werden. Wenn er sprach, dann mit einer Überzeugungskraft und Sicherheit, der man sich nur schwer entziehen konnte.

Wenn Maria mit Magne unterwegs war, verloren all die tausend Dinge, denen sie sonst immer ihre ganze Aufmerksamkeit schenkte, für sie schnell an Bedeutung.

Ja sie nahm sich selber besser wahr in seiner Gegenwart und dadurch veränderte sich auch ihre Wahrnehmung der Welt um sie herum. Es war ein wenig so, als würde sie die Welt durch eine andere Brille sehen, mit mehr Distanz und Gelassenheit, aber doch auch gleichzeitig präsenter und auch stärker verbunden, mit dem Leben, den Menschen und den Erfahrungen, die sie machte. Es war ungewohnt für sie und verwirrte sie zu Beginn auch etwas. Doch da sie immer offen für neue Erfahrungen war, lies sie sich immer tiefer auf Magne und seine ungewöhnliche Art die Welt zu sehen ein.

Man darf aber jetzt nicht glauben, dass Magne ein Traumtänzer war, denn das traf überhaupt nicht auf ihn zu.

Er stand mit beiden Beinen fest auf dem Boden, aber darüber hinaus schien sein Bewusstsein auch offen zu sein, für Dinge, die sich nicht so einfach greifen und benennen liesen.

Seine innere Ruhe schien ihm auf eine geheimnisvolle Weise Flügel zu verleihen und man konnte sich seiner authentischen Ausstrahlung nur schwer entziehen.

Maria mochte Magnus sehr und nach einiger Zeit, die sie zusammen verbrachten, verliebten sie sich ineinander.

Maria fragte Magnus: „Du, wie kommt es, dass du so gelassen bist, so ruhig, aber doch mehr von der Welt mitbekommst, als die meisten Menschen, die ich kenne?"

Magnus überlegte kurz und dann entgegnete er:

„Weisst du, ich war nicht immer so. Früher war ich genau so nach Außen gerichtet, wie du es warst, als wir uns kennengelernt haben. Aber irgendwann habe ich erkannt, dass die Welt, die wir mit unseren Sinnen wahrnehmen können nicht alles ist und so wandte ich mich mehr und mehr nach Innen. Denn ich habe erkannt: Die Wunder, die vor und hinter uns liegen, sind nur ein Schatten, verglichen mit den Wundern, die wir in unseren Herzen finden können."

Maria fühlte die Wahrheit dieser Worte und ihr Herz bebte.

Von nun an entdeckte Maria die Welt. Aber neben den Geheimnissen, die sie in der Außenwelt fand, entdeckte sie auch das Geheimnis ihrer Seele.

Und das hatte sie Magnus zu verdanken.

Printed by Amazon Italia Logistica S.r.l.
Torrazza Piemonte (TO), Italy

38030495R00063